그림처럼 그려보는

조용한 삶의 항구

박이정시선 02

그림처럼 그려보는
조용한 삶의 항구

초판 1쇄 인쇄 2017년 11월 10일
초판 1쇄 발행 2017년 11월 17일

지은이 유한아
펴낸이 박찬익
편집장 권이준
책임편집 강지영

펴낸곳 (주)박이정
주소 (우)130-070 서울시 천호대로 16가길 4
전화 02-922-1192~3
팩스 02-925-1334
홈페이지 www.pjbook.com
이메일 pijbook@naver.com
등록 2014년 8월 22일 제305-2014-000028호

ISBN 979-11-5848-350-0 (03810)

* 책값은 뒤표지에 있습니다.

박이정시선 02

그림처럼 그려보는

조용한 삶의 항구

유한아 시조집

(주)박이정

시인의 말

서로 지치고 힘든 현대사회를 살아가며 되풀이되는 현실에 정말 잠시 쉬고 싶다는 생각은 누구나 있을 것이다. 내 시간, 나를 위한 휴식은 누구나 있어야하는 시점에, 각박한 세상을 살기 위해서 시간이 없다는 것은 당연한 일일 것이다.

꿈을 꾸듯 눈을 감으면 그림처럼 그려졌던 나의 희망. 그리고 현재의 삶. 아직도 지치지 않았기에 조금 더 부지런히 나아가기 위해 희망을 갈구하고 살아가는 우리들. 이에 나름대로 지금 살고 있는 이곳의 바다 분위기에도 맞게 나의 처음 책 제목을 '그림처럼 그려보는 조용한 삶의 항구'라는 주제로 삼았다.

잠시나마 현실보다는 순간이 소박하고 즐거웠던 어릴 적 모습, 행복하고 따뜻하던 가족의 사랑, 이제는 삭막하여 관심을 가지기 어려운 주변 모습 등을 통해... 천천히 그려보고, 다시금 자기 마음을 편안히 바라볼 수 있었으면 하는 바램이다.

끝으로, 많이 부족한 이번 첫 시집을 계기로 다시 한 번 좋은 글을 쓸 수 있는 동력이 되길 바라는 마음과 좀 더 성숙한 나를 꿈꿔본다. 글을 읽어주시는 모든 분들께 고개 숙여 감사드립니다.

항구의 끝자락이 보이는 곳에서...

2017. 10. 31 佳川

차례

I부
주위를 둘러보다

II부
사랑은 오래도록…

III부
어릴적 모습은...

IV부

추억은 소리없이...

I부

주위를 둘러보다

강물을 바라보며

흐르는 작은개천 정자위에 앉아서
떠가는 흰 구름을 소리없이 감상하고
바람에 흔들거리는 버드나무를 바라본다

마음은 고요하고 눈감으면 떠오르는
내 마음 한구석에 자리했던 그 사람은
그시절 마음 아파한 이 마음을 알아줄까

나홀로 오랜만에 이곳에 돌아오니
세월이 빗겨나간 마음편한 정자속에
지나간 옛 추억들이 고스란히 놓여있네

둑길

파도가 지나가듯 물결이 춤을 추면
허수아비 그을린 얼굴은 웃음을 띄고
잘여문 벼 곡식들은 금빛으로 변해간다

음악에 맞추어서 바람이 연주하면
농부들의 땀 냄새에 코끝이 아찔하고
아낙네 머리위에선 밥 냄새가 진동한다

햇볕이 손을펴서 참새들을 반기면
아이들의 손끝에선 지렁이가 춤을추고
개구리 한마리 놀라 뛰어오르듯 도망친다

즐거운 우리 동네 샘터

밤사이 쉴 새 없이 빗물이 내리더니
웅덩이에 하나가득 맑은물 쌓여있네
커어억! 그 물맛 좋다 연신외치며 미소짓네

아낙네 모여앉아 빨래하며 조잘조잘
지나가는 나그네 물 한바가지 떠먹고
아이들 등목하면서 잔소리를 얻어먹네

차가운 두레박을 길어올려 쌀을씻고
밤사이 둘이 나와 사랑을 속삭이네
누구나 즐길 수 있는 우리동네 마실터라네

비

자동차 사이사이 빗방울이 떨어지면
나뭇잎은 손을벌려 반기듯 춤을추고
어느새 뛰어다니는 아이들의 거리가 된다

스르르 빗소리에 추억이 젖어오면
마음마저 고요해진 나만의 시간들
조용히 흘러나오는 음악에 눈물이 흐른다

군침도는 막걸리와 향긋한 파전냄새
기억을 되새기듯 자신을 위로하고
천천히 다시 햇살이 비추기를 바래본다

소리

조용한 변두리에 시간을 넘어서면
떨어지는 물소리에 세상을 잊어버리고
본연의 모습으로 다시 돌아가는 모습하나

돌돌돌 소리에도 발목이 시려오는
조그만 물레방아 그 안에서 아쉬움
힘없이 손을 흔들듯 뒤돌아서 떠오르네

굵게도 쏟아지는 장대비 내리는 날
오지않는 떠난님 아침부터 기다리며
처량한 빗소리에 숨어 서럽게 울고있네

지나간 추억들을 손으로 매만지듯
오지않는 떠난 님 아침부터 기다리며
저멀리 귓가에 오늘은 크게도 들려온다

맑은 물 한잔의 여유

향긋한 냄새따라 코끝을 지나가면
마음마저 넉넉해지고 온몸이 따뜻해지는
나만의 마음 편안한 자연속의 여유로움

처마끝 흔들리는 풍경마저 꿈을꾸듯
물할미 호통소리 쩌렁쩌렁 들려오고
대나무 잎을 따라서 이슬이 송글송글

고독을 생각하고 눈물을 멎게하는
정성어린 맑은 물과 퍼져가는 꽃잎하나
눈으로 본 친구들과 마주침은 슬그머니

세심함 하나가득 보여지는 사진처럼
한잔 한잔 베푸는 나눔의 기다림과
다정한 귀한 대접의 소중함도 한꺼번에

노란꽃 입 안 가득 전해오는 차 한잔
하이얀 찻잔안에 그 모습도 취해보고
서늘한 바람도 한번 조용조용 불러본다

길

바람이 지나가다 새벽녘 정겨움에
옹기종기 작은집을 흔들어 깨우면
기나긴 큰 목소리로 소떼들은 인사한다

갈색빛 얼굴속에 그을음이 피어나고
수줍은 아낙네가 새참을 준비하면
황토빛 길가에 아이들 즐거움이 하나가득

노오란 벼이삭이 흔들흔들 춤을추고
허수아비 웃음에 참새들은 달아난다
흥겨운 농악소리가 들려오는 고향의 길

채송화

키작은 슬픔들로 하루를 살면서도
날마다 신비롭고 새로운 세상들
하늘과 마주치기 위해 웃음을 띄어본다

키가큰 나무옆에 목을 빼어 있어보고
햇살가득 해바라기 고개들어 바라보는
어여쁜 마음 들어보는 보석같은 꽃송이들

노오란 나비가 살포시 전달하는
여러가지 사랑안에 또 한번 설레이는
해맑고 귀여운 분홍색 마음을 읽어본다

간이역

추억이 시작되는 소박한 보금자리
떠나는 아쉬움과 남겨지는 막막함이
서로를 공존하면서 손을들고 반기는곳

가끔은 해미 같은 고독을 씹기도 하고
가끔은 슬픈 물마를 피해 지나가던
어릴적 나들목 같은 또 하나의 휴식처

멀리서 다가오는 기다림이 즐거웠고
멀리서 들려오는 기차소리에 행복했던
여유가 함께하는 낭만의 작은 간이역

은은한 꽃 無窮花(무궁화)

역사속 슬픔으로 떠난 님 바라보며
그리운 눈빛하나 간직하며 살아가는
연약한 생명력 있는 일편단심 나라의 꽃

줄기타고 올라가는 저녁속 은은한 빛
정다운 초가집 담벼락에 피었다지는
애정과 꿈이 분홍빛 사랑으로 피는 모습

여름내 피고지며 아침웃음 제일 먼저
길거리 아이들 보여 주려 웃음 짓는
비온뒤 눈물 삼키는 아름다운 슬픔의 꽃

백화가 만발하는 어여쁜 동산에선
즐거이 노래하고 고운얼굴 가꾸기를
오천만 모두 밝은 빛 등불들고 바라보네

산속의 야생화

흙속에 피어가는 그윽한 향기는
옆에 핀 꽃들마저 취하게 만들고
스스로 부끄러운 듯 홀로 숨어 피어있네

아침 해를 바라보는 한없는 절개는
주위의 나무마저 숙이게 만들고
겸손과 내내 기다린 교결함은 또 다른모습

바위틈 남몰래 숨어있는 모습 하나
계곡속 사이사이 외로운 모습 하나
순수한 사랑 속에서 고상한 마음 기다리네

꿈꾸는 그대

꽃잎은 피지않고 열매는 맺지못해
세월을 생각하며 추억을 되뇌이네
화려한 나의 꽃잎들 향기로운 진한 향내

스스로 지워내는 아름다운 추억과
소리없이 재촉하는 인생의 흔적으로
제자리 거품과 같이 흔적처럼 사라지네

신비한 열매하나 존재를 남기며
오늘도 바람결 세상을 채워가는
수많은 사연과 함께 영원한 꿈을꾸네

말이산 古墳(고분)

높은산 바라보면 수천년 세월속에
찬란히 불태우던 아라가야 불빛들
구름속 가리워버린 모습들이 아름답다

조용히 묻혀버린 역사의 작품들과
소리없이 사라져간 웅장한 금빛보석
빛나던 시간들조차 기품있게 보여진다

어여쁜 연꽃무늬 새겨진 고분안에
흐르듯 잊혀가는 손들을 지켜보며
그얼굴 세계에서도 인정받길 바래본다

王陵(왕릉)

상처난 얼굴속에 흘러내리는 땀방울
새까만 손을모아 투박한 음성으로
묵묵히 동그란 원을 천천히도 돌아본다

웅장한 벌판위에 유채꽃은 피어나고
깊고 맑은 남천의 소리없는 물줄기
바람과 속삭이듯이 쉼없이도 흘러간다

지나간 추억사이 미소들이 번져가고
역사속 휘날리는 우리내 이야기들
조용히 새들과 함께 귀 기울여 들어본다

기운을 잃은듯한 힘없던 산속왕릉
한번 더 솔잎나무와 양손을 내밀어
위엄을 내세우듯이 사람들을 바라본다

노을

손끝이 닳아버린 갈색빛 아버지모습
종소리 수업마친 교복입은 학생들모습
생선을 사고들 파는 비린내 풍기는모습

오후에 시작되는 저녁하늘 붉은불빛
미소짓는 얼굴안에 비춰오는 우리세상
고단한 하루일들을 한숨돌려 바라본다

은빛물결 번져가는 스산한 바람들과
익어가는 노을앞 변해가는 여러얼굴
춤추듯 지나간 시간 붉게 시기한듯 바라보네

마산항

떠난님 기다리다 돌되어진 망부석
애틋한 항구에서 배들은 지나가고
지키는 그 자리에는 이름모를 풀이핀다

차가운 바닷바람 어두운 밤 지나도록
홀로서서 지켜보는 서글픈 마음하나
갈매기 노랫소리에 눈물마저 쏟아낸다

비린내 풍겨오는 어부들의 모습속에
그물을 잡아끌어 손등이 굵어버린
힘겨운 삶의 모습은 하루하루 비춰오고

바다위 반짝이는 따뜻한 불빛들은
만선을 기다리는 수줍은 아낙들을
멀리서 지켜보듯이 미소띄며 바라본다

길(2)

비오는 저녁에는 울음을 쏟아내고
석양이 비치는 날엔 고독을 감상하는
가슴속 깊이 숨겨진 마음안고 사는 우리

가을빛 향기나는 서늘한 길가에서
서글픈 눈빛으로 하얀구름 바라본다
잊으려 몇 번씩이나 지나왔던 눈물속길

그윽한 마음들을 미소로 전달하고
사랑연서 기다리는 달아오른 길가우체통
오늘은 하늘엽서 한장 그 길 위로 전해본다

코스모스

떠나는 모습을 소리없이 바라보듯
바람에 가는 몸을 살랑대며 미소짓는
눈길을 피할 수 없는 그리움이 서리는 꽃

순정의 꽃말처럼 하늘하늘 만들어
아침에 이슬과 함께 살갑게 이야기하듯
신께서 처음 이 세상에 우리에게 안긴 꽃

햇살을 기다리며 긴 밤을 보내야하는
조용하고 수줍은 나만의 가련한 꽃
큰별과 마주앉아서 오늘도 이야기듣네

풀잎 이슬

달팽이 느릿느릿 기어가는 모습보며
날씨 더워 얼굴을 닦아보는 풀잎들
만남과 헤어짐의 모습을 서서히 반복한다

어두운 비바람에 슬픔을 안고살며
우아한 곡선으로 떨어질듯 맺혀있는
그 모습 위태위태한 투명 빛 풀잎이슬

바람과 함께라면 터질듯 사라져버리고
꿈꾸는 공간안에 눈물 흘리며 숨어있는
조용히 웃음 반짝이는 초록빛깔 방울하나

너무많은 욕심갖고 살아가는 우리들
차가운 빗방울에 마냥 손을 적시지만
한방울 이슬로 풀잎은 스스로를 씻어본다

담

골목길 구석진 곳 오래된 황토빛깔
높은담 쌓여가면 마음은 갇혀가고
서서히 헐면 헐수록 넓은마음 넉넉해진다

어여쁜 장미덩굴 떨어지는 낙엽들
궁금한 안쪽모습 알록달록 밖의모습
돌담옆 풀잎 식물은 느릿느릿 돌진한다

자신을 숨겨버린 나즈막한 공간안에
슬며시 뻗은나무 요리조리 살피면서
추억이 깃든 담장을 어깨너머 바라본다

어두운 저녁 남몰래 속삭인 사랑의 담장
스르르 발걸음을 멈추게 했던 비밀 정원
지나는 이 빗소리에 옛기억하나 찾아전한다

산속에서의 하루

새까만 손을모아 투박한 음성으로
누런이빨 슬그머니 웃음을 띄며가며
묵묵히 서로들 모여 치성을 올려본다

여름을 휘어감는 무더운 햇살속에
흐르는 땀방울은 누구를 위한걸까
수줍은 바위 사이로 헉헉대는 꽃나무들

거꾸로 매달려서 살을뜯는 벌레들
타는듯한 목마른 그들의 모습에서
지나간 추억의 사진 한꺼번에 비춰온다

애타게 기다리던 크나큰 천둥소리에
길잃던 산속향기 졸고있던 바람친구
슬며시 큰 기침하며 미소한번 띄워보고

너설옆 차가운 시냇가에 나와앉아
흐르는 물줄기로 얼굴을 닦아보면
조용한 우리 이야기는 물결 속에 퍼져간다

바다는 춤을 춘다

소녀는 흐느끼듯 어깨를 움직인다
비오는 거리에서 하나두울 손짓하듯
얼굴에 눈물이 가려 더욱더 초라해 보인다

파아란 원피스빛 물결들이 춤을추면
주변에 지켜보는 시선어린 눈빛들
바람과 잦은 소용돌이 속에서 그녀는 커간다

날아가는 갈매기와 넘실대는 푸른파도
빛나는 작은조개 비린향기 은빛생선
시간이 멈추어 버린 그리운 나의고향

사람은 추억들을 잊기위해 찾아가고
때로는 추억들을 간직하러 찾아간다
바다엔 슬픔과 기쁨이 한꺼번에 넘실댄다

여행온 학생들과 토라진 신혼부부
혼자걷는 사람들과 웃음짓는 어린아이
바다는 여러 사람의 일상들이 찍혀있다

누구의 고운자태 웃는미소를 띄운걸까
쉬지않는 움직임과 하이얀 속살결은
오늘도 내 기억속에 고스란히 남아있다

여름 안에서

태양은 숨이 막히듯 가슴을 뜨겁게
바다는 얼음장 같이 머리를 차갑게
우리를 여름 안에서 강하게 만들어준다

흐르는 땀방울로 얼굴엔 비가내린다
붉어진 태양 볕에 아이들이 뛰어놀면
매미는 더욱 울어대고 개구리는 폴짝폴짝

탄성을 지르면서 또 다시 자릴뜨는
즐거운 아이들의 해맑은 웃음소리
시원한 바람이 되어 부채질해 주었으면

흐르는 계곡 물 떼 사이로 흘러가는
사람들의 행복한 웃음소리 가득히
물결은 조용하게도 굽이굽이 내려간다

춤추는 메뚜기를 숨죽이고 지켜보다가
내려앉은 잠자리로 살금살금 눈을 돌리면
저멀리 들려오는 듯한 칙칙폭폭 기차소리

흐르는 물길마다 미소짓게 하소서
스치는 손길마다 기도하게 하소서
여름은 작은 만남처럼 설레고 뜨거워진다

연꽃

그리움 물밖으로 하나둘씩 떠올라
웃음으로 아침빛 서서히 맞이하는
커다란 진흙속 숨겨진 연못아래 고귀한 꽃

순수한 생명안고 솟아나는 얼굴과
이별의 아픔에도 다시만날 기대로
세상을 설레듯 아름답게 만드는 심청의 꽃

아라가야 옛 땅을 700년 기억하며
지나가는 세월들 보기위해 나타난
비밀속 어여쁜 처녀 치마속은 펼쳐질 듯

수줍게 인사하는 연홍빛 꽃잎사이
은은한 향기가득 자비와 충만 섞여
수백개 마음가지고 하나씩 드러낸다

낡은 철로 위에서

천지를 진동시키는 소리를 들으며
해질녘 기울어가는 노을을 바라보며
오늘도 또 한번 깊숙이 추억속에 빠져본다

사뿐히 노랑나비 내려앉아 인사하고
가까이 잠자리떼 꼬리물고 지나가면
눈을뜬 갈색빛 철로 헛기침 내뿜는 듯

한때는 너무 아픔에 눈물로 달렸다
한때는 기쁨에 넘쳐 웃음으로 달렸다
하루를 쉴수도 없이 움직이는 기차밑

수많은 사람들과 함께했던 늠름함으로
소리없이 지나쳤던 흐느낀 마음으로
기다림 행복했던 기억을 또한번 달려본다

나를 다스리기

용서는 어디까지 사랑은 얼마만큼
끓어오는 증오심 냉철한 인내심
내마음 저 깊은곳에 쿵쾅쿵쾅 전율흐름

스스로 유지하는 바람속 평정상태
따뜻함 두드리는 나자신 치유방법
묵묵히 뒤를 돌아가며 다스리는 안내인사

인간의 최대도리 사람의 예의범절
누구도 무거운 화 감추고 살지않길
세상의 열쇠 맞추어 사람을 움직여본다

늪

어두운 밤하늘에 한송이 피어있는
눈물짓는 연꽃은 아무도 보는이 없어
스스로 짙은 향기를 내뿜으며 화장하네

포근한 봄바람이 소식을 전해오면
더욱더 귀를 모으듯 커져가는 꽃잎들
오늘도 물속 깊숙이 숨죽여서 노래하네

길고긴 생명력을 힘없이 유지하는
청초한 마음이여 깨끗한 얼굴이여
그리운 깊은 강에서 눈부시게 꽃이피네

농촌의 봄

봄바람 불어오고 시냇물 졸졸졸졸
소리없이 붉게핀 매화꽃 쳐다보며
누이는 시냇가에서 첨벙첨벙 장난시작

고요하게 지나는 서쪽하늘 흰구름
짹짹짹 참새들은 반갑게 찾아오고
어랏차! 일하던 남정네 한숨돌려 쉬어가면

봄나물 향긋하게 퍼져가는 노랫소리
여럿이 경쟁하듯 콧노래 흥얼흥얼
고단한 들판녘 다시 노을속으로 퍼져간다

II부

사랑은
오래도록

…

사랑의 길목

사랑의 길목에서 그대를 만났으니
목숨이 다하는 나의인생 그날까지
뜨거운 열정으로 당신을 사랑하고 싶다

사랑스런 세레나데 울려퍼지는 길목에
누군가와 마주쳤던 하이얀 눈꽃길
지나는 순간순간을 기억하는 마음한구석

서로의 눈빛마저 따사로웠던 소중한 길
걸어가는 숨소리 정겨웠던 나눔속
소중한 그대마저도 가두고픈 사랑길가

사랑할 때

참아도 보여지고 숨겨도 표시나는
콜록콜록 기침소리 쿵쾅쿵쾅 심장소리
붉은빛 사랑속삭임 떨려오는 마음기침

눈으로 보여졌던 사랑이 지나가면
행복했던 기억은 얼마나 되는걸까
내사랑 서로 아름답게 기억되고 있을까

이 땅을 사랑한 남자

흐르는 물줄기를 소리없이 바라보며
간절한 슬픔으로 타지에서 울부짖던
이땅을 소중하게도 지켜왔던 한사람

먼저간 그들을 위해 눈물을 흘리고
계속된 탄압과 억울함에 괴로워했을
그시절 무엇이 위로가 될 수 있는것일까

시원한 소나무속 땀방울을 닦아내고
밤잎고사리 산속에서 미소를 보내던
그리운 고향이 보고파 외로웠을 당신모습

코흘게 나이어린 학생들을 사랑하여
조용히 뜨거웠던 열정을 가르치며
영원히 별이 되어버린 사랑하는 당신

어두운 밤하늘을 쳐다보며 생각했을
사랑하는 아내와 남겨지는 딸아이를
저멀리 잊지 못하고 잠들어야 했던 한사람

묵묵히 소리없이 보내왔을 날들이
가슴깊이 느껴져 한꺼번에 비춰오듯
소중한 목숨마저 내 놓았던 억울했던 그

당신이 가슴깊이 사랑했던 이 조국
죽어서도 지키고 싶던 하늘아래 이땅을
우리는 자랑스럽게 여기며 살 길 바래본다

한강속의 눈물

살며시 고개들면 또 하나의 석양불빛
목이메는 슬픔으로 하늘은 열려있고
긴 세월 다스려왔던 그리움은 흘러간다

순수한 맑은강과 깨끗한 추억속에
스스로 지울수 밖에 없었던 마음하나
저멀리 함성 속에서도 외치지를 못한다

눈물을 머금으며 배웅을 해보면
은근슬쩍 슬며시 놓아버렸던 손길들이
하나둘 못내 아쉬워 강물을 바라본다

고요한 수평위에 마주보이는 나의모습
살며시 고개들어 멀어져간 그의모습
서로를 마음속에서 회상하듯 쳐다본다

맑은강 닮아서 순수하게 빛이났던
어린동생 모습은 목이메는 가슴으로
쓰라린 추억이 되어 눈앞에 떠오른다

하늘에서 소리없이 떨어지는 눈물하나
그시절 그 모습이 기억에 새겨지고
강물도 이 마음으로 흐르기를 기도한다

어머니를 생각하며

눈물이 지나가듯 볼 사이로 흐르면
사방이 어두워지는 밤시간 기다림으로
혼자서 베갯속 깊이 얼굴을 묻는다

텅빈방 누워앉아 흐느끼는 마음은
맘여린 그녀를 안쓰럽게 눕혀 놓고
새벽녘 물마 소리에도 흔들리듯 떨게한다

깊은밤 추운장판 낡아버린 이불속에
함께할 친구없이 자리하실 어머니
팔다리 야위어지고 손등이 굵어버린

슬픔에 강하셨던 그 예전 모습들은
주름지고 작아져 버린 노인의 모습일뿐
그 시절 완고하셨던 모습은 찾을 수 없다

어릴적 이별에도 눈물짓던 여인같이
소박한 사랑앞에 목숨걸던 여인같이
이제는 그 마음으로 다시 되돌아간걸까

힘들때 보고싶던 그리운 친정어머니
돌아가신 그 자리가 무척이나 생각난 듯
오늘은 낡은 저고리가 유난히 빛이난다

내 사람이여

내사랑 멀리 있어도 그마음 알 수 있고
연락이 없어도 소식을 느낄 수 있는
한없이 보고싶은 사랑하는 나의사람

아무말 없이도 행복함 알게 해주고
조용한 기쁨까지도 느끼게 해주는
자상한 내 사람이여 마음아픈 사람이여

덜익은 풋사과 붉게도 변해가는
인내의 기다림으로 언젠가 서로가
영원히 마주치기를 바라는 나의사람

연락이 없어도 소식을 알 수 있고
멀리에 있어도 마음을 느낄 수 있는
소중한 나의 연인인 사랑하는 나의사람

소박한 행복함도 함께하며 알 수 있고
조용한 기쁨의 마음을 느끼게 해준
자상한 나의 연인인 사랑하는 나의사람

덜익은 풋사과가 인내를 기다리 듯
언젠가 마주치길 한없이 바라는
영원히 보고 싶은 내 사랑하는 사람이여

외로움

못다한 사랑들을 기억해 살아가며
사랑의 슬픔들을 정절의 상징으로
강바람 기지개 켜는 운치있는 나무하나

물위에 살며시 적셔놓은 나뭇가지
봄바람에 춤을 추듯 얼굴을 닦아내고
약속을 지키듯 마을을 천천히 내려보네

손 내밀듯 초록빛 물방울 떨어지고
눈물을 글썽이며 지켜보는 얼굴위로
조용히 스쳐지나가듯 내 마음도 흔들리네

파아란 하늘위에 하얀구름 한 조각
한 마리 새 날아가니 따뜻한 마음 안에
비었던 공간 하나가 커다랗게 생겨나고

외로움 그 한마디 가슴속에 스며들어
치맛자락 날리듯 흔들리는 마음 안에
조심히 위로하듯이 빈자리를 지켜주네

놀이터에서

그 사람은 행복할까 없어진 나무벤치
그 자리를 기억할까 눈물글썽 풀잎하나
수많은 사람속에서 그 무엇을 생각할까

지켜주던 버들잎 손내밀고 떠난자리
길었던 아픔마저 추억이 되어버린
이곳을 바람처럼 쉽게 잊지는 않았을까

몇번씩 피고지던 저 나무의 세월처럼
떠나간 마음안에 구름도 지나가면
멀리서 반기던 그사람 그렇게 돌아오겠지

국화꽃 옆에서

마음에 없는소리 내뱉으며 울먹였다
스스로 위안받을 생각은 없었건만
슬픔을 또다시 남기고 돌아서고 말았다

평생을 못잊을 나자신을 자책하며
그렇게 살거면서 눈길을 외면한채
사랑의 깊은 상처를 또 거절하고 말았다

어둠을 무기삼아 그 약함을 무기삼아
떨리는 눈물속에 당혹한 얼굴표정
이제는 잊고살자 한마디 그뜻을 그는알까

봄의 安否(안부)

바구니 짊어메고 여기저기 두리번
뾰족이 솟아나온 연약한 봄빛나물
겨울진 하얀눈아래 조심히도 피어있네

쿨쿨쿨 자고있는 개구리 깨울까봐
친구와 웃으면서 조심조심 건드려
한아름 집안에 따다논 쑥향기 내음그윽

따뜻한 햇빛따라 전해진 봄의안부
오늘저녁 행복한 마음으로 전해오길
봄자락 끝을 지그시 손을뻗어 만져본다

매화 안개

매화꽃은 힘들게 천천히 길들여갔다
스스로 피는방법 스스로 지는방법
모두를 아는 듯 속으로 터득을 하고있다

이른아침 흰손가락 나타났다 사라지면
삐죽한 입모양으로 흠칫이 놀라면서
가느단 물방울 툭툭 털어버리는 매화꽃

저멀리 걸어가는 선비의 모습처럼
지조를 지켜가는 수줍은 아녀자처럼
쌀쌀한 봄기운 무릅쓰고 향기를 뿜어낸다

기다림의 편지

몇주전 붙여보낸 편지는 아직인가
손수나가 환한꽃 꽃잎찗여 붙이고
호롱불 사이사이 옮겨 적었던 사랑속삭임

흐르는 강물처럼 왜이리 야속할까
거북이 지나가는 걸음처럼 느린걸까
새벽길 불어오는 바람 기대도 그뿐인가

굽이진 산속아래 마지막 모습처럼
한없이 기다리는 길 또한 막막한가
어여쁜 나비야 날아가 소식좀 전해다오

사랑은...

사랑은 어려웠다 매순간 나에게는
열병같은 사랑도 지나가는 사랑도
때마다 못내 아쉬운 눈물을 짓게했다

사랑은 고달펐다 매순간 나에게는
현실적인 압박감 순수했던 감정들
끝없이 싸우며 다투는 순간들이 서글펐다

사랑은 외로웠다 매순간 나에게는
때문에 참아야했고 때문에 홀로섰던
보내는 마음조차도 침묵을 지켜야했었다

사랑은 힘들었다 매순간 나에게는
다가오는 이별을 감지하는 순간부터
혼자서 준비하는 매 순간들이 아파왔다

사랑은 쓰라렸다 매순간 나에게는
한걸음씩 씩씩하게 나아가는 그 모습
원망빛 서러움속에 바라볼 수밖에 없었다

感氣(감기)

가리는 얼굴사이
붉은색 마음하나
꿈틀대는 한구석에
서러운 눈물방울
쌩하니 바람마저도
그늘속에 파고든다

발길을 돌리며

지난밤 그남자는 바닷가가 보이던
하룻밤 사랑안에 열정을 토해냈다
자신의 인내 시험삼아 고독에 휩싸인채

눈물로 떠나보낸 처량한 나그네길
붙잡지 못했던 세월은 멈춰졌고
울음속 남겨졌었던 그여자도 돌아섰다

스산한 새벽공기 김서린 창문가에
조금씩 마주했던 아픔의 상처자국
고개를 끄덕이던 항구 발길을 돌려보네

III부

어릴적 모습은 …

故鄕(고향)

풀피리 노랫소리 귀뚜라미 울음소리
모락모락 밥냄새 구수한 된장냄새
소들을 내기 시키듯 집으로 돌아오네

무지개 춤을추는 붉은색 저녁노을
잠자리 꼬리물고 꽃들이 흔들리는
사진속의 내 모습들은 한꺼번에 찍혀있네

엄하신 아버지와 자상하신 어머니
흰머리 내려앉은 흐르는 정자에서
그리운 고향 생각에 가슴속이 저려오네

자화상

하늘색 바닷가에 모래성은 쌓여가고
물거품에 부서져간 발자욱들 사이속엔
어릴적 짧은 단발머리 계집애가 웃고있다

솜털이 보여지고 다리털이 자라나서
손마디가 길어지고 사랑니 아파오면
어느덧 달라져가는 또 하나의 나의모습

세월의 흔적앞에 고개가 숙여지고
앙상한 모습 뒤로 숨어버린 내 인생아
세상끝 어디쯤엔가 한떨기 꽃이어라

家族(가족)

따뜻한 햇살들이 내리쬐는 봄날에
먼지가 춤을추는 물건들을 정리한다
어느새 잊고 있었던 행복에찬 나의얼굴

빛바랜 액자속에 사진들이 웃고있다
주름진 할머니 모습에 촌스러운 한복자락
소박한 은빛 쌍가락지 반짝이는 나의 어머니

그을려 힘에찌든 작업복차림 아버지
콧물이 흘러버린 나이어린 여동생
시골집 낡은 방안에서 우리의 꿈은 자라났다

말많고 시끄럽던 세월의 모습들은
이제는 추억속 기억이 되었지만
또다른 나의 가족들은 또다시 시작된다

순수한 세상

눈이커 눈물많은 빨간입술 엔도샤
풋풋한 구릿빛깔 덩치좋은 장류이
금발색 찰랑거리는 하얀얼굴 이사벨

참새가 재빠르게 모였다 사라지는
구름처럼 편안하고 소박한 학교에서
동화속 천진난만한 이야기를 시작한다

갑자기 비가왔어 점심이 맛이없어
병태가 놀려대서 혜영이가 울었어
논밭에 개구리들이 갑자기 뛰어올라왔어

서로가 어울려야 빛을내는 밤하늘처럼
재잘재잘 구김없이 웃음짓는 학생들
이대로 자라기만을 마음깊이 전해본다

가을의 여인

불타는 사루비아 까만씨 남겨둔채
이른새벽 서리에 천천히 숨져가고
빛났던 여름 서서히 현기증은 시작된다

낙조가 기울이고 찾아드는 적막감
빈달구지에 가을의 발자국 실려오듯
먼발치 내마음 유난히 시끄럽던 물보라의 꿈

텅빈마음 영혼의 안식처를 찾기위해
어둠이 가시기전 진실을 외면했던
기억의 언저리 더듬어 가을문턱에 서있네

시골의 아침

서서히 진붉은색 입술그림 비치고
자글자글 주름살 번지기 시작하면
조용히 눈이 떠지는 새벽빛이 찾아온다

붉은색 머리모양 큰닭들 힘찬울음
꽁꽁싸맨 버선을 한번더 만져매고
차가운 거울 안쪽에 재빠르게 얼굴단장

배고픈 소먹이를 부랴부랴 챙겨주고
누워계신 할머니 아침밥 올려드리면
비로소 환한 웃음으로 다가오는 아침햇살

우리들의 동심속 대나무숲 골짜기
축축했던 흙냄새 알싸했던 인삼냄새
우르르 몰려다니며 책보따리 던져버린
낯익던 어린 아이들 손흔들고 뛰어온다

글속에서

하이얀 백지위에 까만눈물 흘러내려
조용했던 내마음 소리없이 적어보면
약해진 모습속에도 여유로움 찾아온다

새로운 빛하나는 언제다시 돌아오고
엉켜버린 노끈들 어디부터 풀어볼까
새벽별 넘어가서야 끝마무리 되어간다

스스로 눈물짓고 스스로 웃음짓고
행복한 긴 슬픔속 이야기는 쌓여간다
어느새 주인이 된 내 자신을 바라보며

오늘도 책 한권의 주인공이 되어본다

겨울의 그림자

점점더 어두워지는 고독했던 운동장
오래된 낡은책상 먼지로 쌓여가고
불빛이 한꺼번에 멈춘 으슥해진 그림자

익살어린 눈빛과 행복했던 학창시절
한바탕 뛰어다니는 모습속에 내그림
행복한 시간은 이제 하나의 추억인가

사랑이 남겨지고 우정의 손을펴는
한결같던 학창시절 이제는 저뒤에서
서서히 혼자만을 남겨 놓은채 어두워지고

오랜만에 찾아온 우리의 흔적에서
어릴적 숨죽이며 공부하던 시선은
드르륵 잊고 있었던 소리와 다시 마주친다

휴양림의 풍경

졸졸졸 흘러가는 깨끗한 시냇가에
옹기종기 바닥깊이 숨어있는 작은알
시원한 바람과 함께 여름속을 구경한다

떼지어 헤엄쳐가는 날씬한 피라미도
더운날 모여앉아 얘기하는 참새떼도
지나듯 비가 내리면 즐겁게 이사하는 날

팔딱팔딱 놀라서 도망가는 개구리도
첨벙첨벙 물속에 발을 담그는 아이들도
시원한 빗방울들을 한참동안 바라본다

흐르는 계곡사이 행복이 흘러가고
굽이굽이 물결속에 웃음이 흘러가도
머무는 발길 발길마다 미소짓고 있는우리

동그란 탁자위에 꺾어놓은 꽃다발
천천히 이야기하듯 떨어지는 물소리도
스르륵 눈을 감으면 편안한 휴식시간

향긋한 커피향내 타다닥 나무소리
분주했던 오후를 여유롭게 즐기며
조용한 창문너머엔 아름다운 석양입술

여름철 추억하나 그윽하게 깊어진다

매일 밤 해질녘에

재빠른 걸음걸이 날렵한 긴안경테
먹는둥 마는듯한 조촐한 점심식사
바빴던 움직임속에 형성되는 힘든일상

따뜻한 커피한잔 여유조차 없는듯
연거푸 차가운뺨 붉게도 두드리며
지나는 옷자락 하나둘 부여잡고 마주선다

올빼미 눈을뜨니 빛들은 반짝반짝
나이든 부모들은 부지런히 재촉하며
집으로 돌아서는 발걸음 초조한 걱정하나

가끔은 아주크게 울음도 내보지만
달빛의 자장가에 잠이든 착한아이
노란빛 길모퉁이가 금방도 조용해진다

사과를 담아보고 옥수수 넘겨보며
다리가 떨려오듯 조급해진 마음안에
한없이 미안하고 또 대견스런 미소가득

천사의 모습에선 편안한꿈 밀려오고
하루를 보내면서 땀흘린 얼굴에는
내일의 작은 희망들이 환하게 비춰온다

나무 그늘 아래서

그늘이 지켜주는 시원한 나무아래
아이들은 누운채로 하늘아래 자릴한다
꿈꾸는 내 학생들은 어떻게 자라날까

햇볕을 막아주는 시원한 정자아래
옹기종기 모여앉은 아이들 노랫소리
새로운 기대 속에서 어떤맘을 속삭일까

그늘이 지켜주는 시원한 냇가옆에
헤엄치는 우리들의 즐거운 추억속엔
오래전 감추어 버린 그녀석도 숨겨있다

하늘 친구

살아가는 현실속 각박한 요즘세상
허망한 꿈이란걸 느끼는 순간에
스스로 가졌던 감정도 잊혀져가는 현실

나비가 내려앉아 꽃잎에서 숨을쉬듯
지쳐버린 그 마음 끝없이 위로하던
이불속 솜털과 같이 포근했던 나의하늘

눈속에 지나가는 푸른색빛 비행기
달빛속 방아찧던 새하얀 토끼두마리
어릴적 눈속 새겨진 꿈속그림 추억흔적

바라던 내모습은 어디에 있는걸까
죽기보다 먹고살기 힘들다는 표현을
말없이 봐주던 오랜친구의 따뜻한 기억들

세상을 살기위해 잠시나마 외면했던
검은눈 아름다운 속깊은 친구에게
한걸음 조심스럽게 손 내밀듯 다가간다

무더운 여름날

붉은얼굴 감추며 그늘로 도망치면
헥헥헥 숨소리에 빙그레 웃음짓던
매미는 뜨겁게 한바탕 노래를 시작한다

지긋이 눈감으면 시원한 바람들도
슬며시 풀숲으로 천천히 숨어버리고
하늘위 구름도 살며시 덮어준 솜털이불

다투는 나팔꽃들 소리에 일어나면
팔장낀 나무아래 지나가는 개미떼
여름내 방황했던 마음 조용히 끝이난다

Ⅳ부

추억은 소리없이 …

길섶

바람이 지나가다 골목을 지나친다
아이들의 울음소리 할머니의 호통소리
숨죽여 훔치어 보듯 귀기울여 바라본다

아침에 눈을뜨면 맛있는 음식냄새
달그락 달그락 그릇소리 시원한 양치소리
조용한 마을 집들이 한꺼번에 눈을뜬다

햇볕이 내리쬐고 꽃들이 춤을추면
친구들의 수다소리 빨래개는 방망이소리
정겨운 우리 마을에 손님들이 지나간다

追憶(추억)

어금니 시려웠던 기분으로 눌러앉아
흐릿해진 유리창을 소리없이 바라보면
창문가 기억너머로 떠오르는 내 한사람

미소에 웃음나고 목소리에 눈물나는
지나간 시간들의 기억속 안타까움
가슴뛴 그 마음들이 오늘은 서글펐다

차갑게 보여졌던 깊은곳 빈자리에
꺼내어 볼 수 없고 채울수 없었던
편안히 내려놓고 싶은 나만의 추억하나

同行(동행)

어둠이 드리우면 사람들은 모여 앉아
삶에 찌든 피로와 가슴속의 고단함을
쓰디쓴 한잔 소주로 마음한구석 달래본다

머금은 한 잔술에 아픈마음 삼키고
흐르는 한 잔술에 외로움도 삼키고
쓰디쓴 또 한 잔술에 내인생도 흘려보낸다

서로를 부딪히며 함께했던 시간들
세상속 우리들을 위로하듯 설득했던
지나간 그 시간들을 눈물로써 함께한다

개나리빛 가로등 마주앉은 포장마차
오래전 깊숙이도 자리잡은 친구와
오늘은 힘겨운 삶의 짐들을 내려놓는다

성탄절

굴러가던 원안에 나무두개 꽂히더니
매서운 바람속에 얼굴을 마주보고
뚱뚱한 아저씨 하나 코가 큰 아저씨 하나

멀리서 들려오는 구세군의 종소리
눈쌓인 은빛 나무들 노을빛 하늘 사이
귀여운 사슴 떼들이 지나가며 내려본다

눈속에 반짝거려 화려해진 불빛속
연인은 사랑스레 서로를 바라보고
행복속 웃음 가득한 성탄절 저녁시간

은빛색 십자가를 가리키는 교회안
두손모아 소리죽여 서로들 기도하네
커피향 짙게 지나가는 즐거운 나의 하루

가을 저녁

황토색 곱게물든 석양을 바라보며
창문너머 떨어지는 낙엽하나 주워다가
따뜻한 불 키워가며 도란도란 얘기나누네

새벽에 짖다지친 귀여운 새끼강아지
졸린눈 비벼가며 어미옆에 누워앉아
꿈속을 헤메이듯이 우리들을 바라보고

갖구운 고구마와 터져버린 밤송이들은
즐거운 우리들의 지금의 모습처럼
언제나 풍성한 가을저녁을 기다리게하네

세상살이

하이얀 벚꽃송이 흔들어대는 아이들
저멀리 나풀나풀 긴 생머리 아가씨
조금씩 내 웃음들은 추억이 되어가네

제각각 손 내미는 귀여운 하얀구름
하늘로 피어올라 마음껏 뽐내다가
아찔한 현기증처럼 소리없이 사라지면

연두빛 입모양을 마주치던 나무들
회색빛 긴 목을 뺀 굴뚝에 취해서
주홍빛 연예편지 안고 모락모락 얘기하네

잊은 듯 헛돌다가 떠나는 세상살이
그 추억에 사랑하나 남겨 놓고 싶었을까
빛바랜 편지들 안에 또 하나의 나의모습

조금씩 다가오는 이별빛 아쉬움들
놓칠 수밖에 없었던 그림을 되돌아보며
천천히 풍경 속으로 편안히도 잠들어가네

돌아서는 뱃길에서

매서운 추위들은 세월속 고된시름
스치는 바람들은 해탈의 환한미소
거칠은 흰 파도들은 태곳적 오랜기다림

못잊을 향수처럼 귓가에 들려오고
발목이 차가워져 붉어버린 지평선
그 위에 갈매기들과 흰 구름은 이야기하네

그림자 홀로남긴 쓸쓸한 새벽길에
씻겨온 모래알과 굴러온 자갈하나
회색빛 기억과 함께 숨어서 우는모습

애달픈 사연처럼 피멍든 나의바다
편안히 잠을자고 잔시름 놓아놓길
오늘밤 먼발치에서 지켜보러 돌아오네

그리운 나그네

넓고넓은 벌판을 헤매는 구름물결
굶주린 그 다리로 힘없이 걸어가며
끝없이 새털너머로 살곳들을 찾아가나

바람이 밀어버린 나뭇잎 친구삼아
멀고먼 강남부터 쉬지않고 찾아온
옆구리 서운하고 무정했던 그리운 나그네

찾는이 있거들랑 알려달라 말하고선
벽공에 달이뜨니 은연이 홀로나와
만고에 젖어들 듯 한숨과 눈물로 바라보네

비 내리는 강가에서

얼굴을 스쳐가는 바람결 빗방울들
수많은 사연과 함께 슬픔의 눈물되어
애달픈 흔적 지워가듯 강가에 떨어지네

굽이굽이 강가속 물고기와 인사하고
보고지고 보고지던 꽃들과 인사했던
버들잎 잔잔히 짙어가는 조용한 시골강가

세상을 채워가는 단단한 나무처럼
소리없이 다가오는 우리내 인생처럼
수줍던 세월 지나간 빗소리에 흘러가네

떨렸던 마음처럼 조용히 지나가길
차갑게 흔들리는 마음속의 빗방울
애달픈 흔적 지워가듯 강가에 떨어지네

독도의 片紙(편지)

눈물겨운 몸부림 한없는 비명소리
커다란 절벽아래 눈물을 쏟아내고
떠도는 돌과 모래친구 위로하며 사는곳

종종걸음 오랜만에 내려앉은 갈매기
바다위가 어지러워 잠시땅을 밟아보며
따뜻한 햇살과 함께 오랫동안 친구만들기

손바닥안 작은빛 꽃잎들은 날아가고
끝없는 모양빛는 쉬지않는 푸른물결
색색깔 무지개빛으로 퍼져가는 물보라

바닷길 뒤로한채 찍었던 사진한장
노을진 햇살안에 불타는 마음이야기
그리운 추억편지속 긴사연이 시작된다

겨울산

함박눈 손을털자 숲속은 한순간에
하얗게 분칠하고 웃으며 안겨온다
추위로 마음 얼어붙은 불타는 얼음꽃들

앙상한 팔하나를 내밀어 자랑하듯
마주보고 서있는 매력적인 나무하나
뽀드득 소리마저도 고상하게 들려온다

슬며시 눈길에서 마주쳤던 얼음꽃
외로움 달래가던 벌거벗은 겨울산
빛나는 그 무대위에 추억들이 남겨진다

마음의 주전자

조금은 화가난듯 벌겋게 달아오르고
마음속 응어리마저 뜨거운 연기처럼
비오듯 쏟아져 나와 끓어넘친 자국들

떠나간 자리만큼 씻으려고 애쓰고
웃으며 데워보려 몇번을 시도하지만
갈색빛 나무 물결속 출렁이는 떨린손길

차가운 눈물만큼 퉁퉁부은 주전자
조금씩 서러웠던 휴식을 취하는듯
울었던 진한 한잔술 원망하며 내어주네

봄끝의 아쉬움

서늘한 봄끝자림 조금은 남아있어
아직은 사라지지 않고싶은 꽃향기
서글픈 옷자락 날려가며 조금씩 울고있네

아쉬운 헤어짐에 눈물섞인 상처들
바람물결 슬며시 지나가면 쓸쓸한 듯
넋놓고 한없이 바라보는 어린잎 나무하나

거칠고 매서운폭풍 스스로 이겨내길
혼자서도 서있는 푸르른 기둥되길
무더운 여름햇살 오기전 슬며시 전해보네

故鄕(고향) 생각

시골위 반짝이며 속삭이는 별들사이
어두운밤 고향길 노란색 밝혀주는
풋풋한 동화속 옛길 다시한번 떠오르네

어릴적 뛰어놀던 향수속 꿈속고향
산들바람 실려오는 진달래꽃 봄향기
편안한 마루바닥과 누렁이 짖는소리

온종일 만지고논 떨어진 나뭇가지
서로를 이야기하다 타오르는 회색빛
뜨거운 아궁이속으로 깊숙히도 빠져드네

친구들 웃음으로 하나두울 모여들어
하얀구름 지나가듯 소독냄새 퍼져가는
정겨운 고향추억과 아름다운 학창시절

해질녘 저녁풍경 그림처럼 펼쳐놓고
냇가에서 웃으며 물장난 칠 수 있던
그리운 옛기억들은 저만큼에 웃고있네

어머니의 부엌

눈가에 처져있는 주름살 올라가듯
불타는 검은부엌 어머니 외침소리
손끝에 전해오는 사랑 그려지는 추억그곳

떡진머리 휘날리며 집으로 달려가면
매서운 날씨탓에 터져버린 고운손등
달그락 소리와 함께 모양빠진 여러그릇

깊어진 저녁시간 슬그머니 일어나
웃으며 건네주신 눌러붙은 누룽지
따뜻한 부뚜막온기 전해오는 옛 기억의 밤

버스를 기다리며

길위에 마냥토록 지루함 밀려오네
후덥지근 땀방울 아스팔트에 뚝뚝뚝
붉은빛 태양아래 한참 지나가는 버스들

스믈스믈 도로위 수줍은 자세취해
현기증 풀풀퍼진 의자에 기대보면
벌개진 가로수 나무 측은한듯 쳐다보네

그늘빛 얻기위해 이리저리 암흑으로
침흘린 얼굴처럼 엉망이된 정류장
뜨거운 그림 남겨논채 버스는 지나가네

하늘 빗소리

오후에 문을열면 쏟아지는 빗소리
하루종일 눈먼하늘 끊없이 울고있다
힘들어 우는만큼 곧 마음도 풀리겠지

하교후 교실안은 먼지로 수북가득
무사히 아무탈없이 지나간 너털웃음
붉게도 더웠던 얼굴도 냉기를 찾아간다

조금씩 축축해지는 빗물을 맞아가며
우두커니 서있는 나이든 동상하나
퇴근후 슬금슬금 다가와 옛이야기 졸라볼까

밤공기 맡으며

달따라 마중나온 시원스런 밤공기
외로움 실려오고 편안함 가져오는
소나무 향기안에서 더운몸을 식힌다

풀벌레 노래소리 마주하는 꽃향기
노랗게 반짝이는 머리위 작은별빛
누구도 보는이 없어 눈물도 흘러간다

지상을 싸고있는 이넓은 지구안에
나와함께 느끼는 고요속 빛나는밤
당신의 밤냄새 저멀리 진하게 전해온다

낙엽 전쟁

노오란 거리길가 전쟁이 시작된다
차가워진 낙엽잎 떨어지는 긴박한모습
끝까지 매달려가며 울부짖는 마지막잎새

파마한 아줌마와 대머리 아저씨에게
깔깔깔 웃음지으며 떼지어 지나가는
초등생 가방위에도 낙엽사격을 시작한다

속속히 떨어지는 눈물속 가을 물방울
멀리계신 고향빛 어머니 어깨에도
날아가 예쁜잎으로 살며시 떨어졌으면

이사가는 날

지겨운 이사놀이 이제그만 했으면
떠나는 마음만큼 이별도 익숙한가
밤사이 짐을싸는 얼굴 어둡게 드리워진다

고래같은 큰집에 한번쯤 살아봤으면
건너방은 엄마에게 작은방은 동생에게
값비싼 물건 으스대며 모든걸 채워봤으면

아이들의 쿵쾅쾅 소리에 안절부절
널뛰는 물가에도 혹여나 조마조마
지나는 주인집 그림자는 피해서 조심스레

나이든 남편얼굴 커가는 아이얼굴
물끄럼 바라보면 한숨마저 나오지만
지나는 기차소리에 마음달래 잠 청해본다

그날이 오면

댕기머리 올려매고 시집가기 전날밤
나이드신 아버진 눈물을 보이셨다
어미가 있었으면 더 좋았을텐데 말씀하며

토끼가 방아찧듯 커다란 보름달앞에
혼자서 매일같이 소원하던 손기도
나이든 지금에도 들을수 없었던 말한마디

살아는 계신걸까 북녘땅을 밟는다면
한걸음 달려나가 가슴속에 안길텐데
따뜻한 고기와 흰밥 원없이 해드릴텐데

쪼글쪼글 얼굴한번 만져볼수 있었으면
기다린 오랜세월 남겨졌던 내 나무야
나대신 부디 연로하신 아버지 지켜봐주렴

평설

웜홀 저편에서 보내는 메시지

대구대학교 국어교육과
교수 전용숙

유한아의 첫 시집『그림처럼 그려보는 조용한 삶의 항구』에는 시 · 공간을 초월한 과거와 현재 그리고 미래가 존재하고 있다. 현대 사회는 뫼비우스의 띠처럼 출구가 보이지 않는 경쟁과 그 경쟁 속에서 바쁜 일정을 무리 없이 소화해내야 한다는 문제의 연속에 놓여있다. 이는 동일한 시간 개념을 가지고 다른 사람들과 보폭을 맞추어 걸어야 하는 것이 인생의 모범답안인 것처럼 전형의 기준에 자신을 맞추어 살고자 하는 욕망 때문에 생겨나는 일이다. 그러나 그동안 많은 현자들이 반론했듯이 또 가령 시간은 상대적으로 흐르는 것이고 따라서 우주의 시공간은 매우 상대적이라고 했던 아인슈타인의 이론만을 생각해보더라도 우리가 굳이 헉헉대면서 타자가 정해놓은 시간의 보폭에 맞추어 뛸 필요가 있을지 의문을 가질 만하다. 이처럼 문제가 되는 시공간의 개념(사실은 욕망이라 할 수 있는)을 재편성할 수 있는 모든 자극들을 유효하게 만드는 글이 바로『그림처럼 그려보는 조용한 삶의 항구』다.

1.

시인은 과거의 유구한 역사를, 또 한편으로는 흘려버릴 수도 있는 소소한 일화를 내면 깊숙이 품고 있는 소재들을 호출하고 있다. 자연 안의 작고 사소한 개별적인 존재들로부터 일반인이 공감할 수 있는 보편적인 의미를 함축한 주제를 이끌어내는 유한아의 능력은 탁월하다. '줄기타고 올라가는 저녁속 은은한 빛/정다운 초가집 담벼락에 피었다지는/애정과 꿈이 분홍빛 사랑으로 피는 모습'을 지닌 무궁화는 오천만 모두 밝은 빛의 등불을 들고 바라보는 모습으로 형상화된다. 그는 저녁이 있는 정다운 공간에 피어있는 꽃 하나로 '역사속 슬픔으로 떠난 님'과 오천만 민족을 상상하는 것이다. 아라가야로 거슬러 올라간 시인의 시선이 담긴 다음 시는 이를 반증한다.

> 높은산 바라보면 수천년 세월속에
> 찬란히 불태우던 아라가야 불빛들
> 구름속 가리워버린 모습들이 아름답다
>
> –「말이산 古墳」 중

아마도 시인은 함안을 방문하였으리라. 그리고 거기, 완만한 곡선의 고분에서 흐르듯 잊혀가는 손들을 보았고 '조용히 묻혀버린 역사의 작품들과/소리없이 사라져간 웅장한 금빛보석'을 찾았던 것이다. 역사를 과거의 사실로서 인류 발전의 의미 있는 자취라고 볼 때 여기에는 인간의 희노애락(喜怒哀樂)이 녹아있다. 문명의 이기는 수혜자가 있는 만큼 희생자도 있는 법이므로 그는 왕릉 앞에서 '역사속 휘날리는 우리내 이야기들'에 귀 기울인다. 그뿐이랴! 마산항 망부석에서는 이름모를 풀이 피어남을 발견하고, 둑길에서는 '아낙네 머리 위에' 진동하는 '밥 냄새'를 맡아낸다. 빗방울에선 '군침도는 막걸리와 향긋한 파전냄새'를 맡아내고, 노을에서는 '손끝이 닳아버린 갈색빛 아버지모습/종소리 수업마친 교복입은 학생들모습/생선을 사고들 파는 비린내 풍기는모습'을 본다.

시를 읽는 내내 여기가 우주구나 싶어, 경이롭다. 과거는 지금도 이렇게 진행되고 있고 별세계 공간처럼 차곡차곡 저장되어 있다. 시인은 웜홀 저편으로 조용히 여행을 가고 거기서 이렇게 우리에게 메시지를 보내고 있는 듯하다.

2.

참아도 보여지고 숨겨도 표시나는
콜록콜록 기침소리 쿵쾅쿵쾅 심장소리
은빛 사랑속삭임 떨려오는 마음기침

—「사랑할 때」 중

잃어버린 것, 소멸된 것에 대한 그의 애정은 상실의 아픔을 설레임과 희망으로 재구성하며, 우리로 하여금 눈물겨운 슬픔과 화사한 설레임이 공존하는 시공간으로 들어서도록 한다. 사랑할 때의 마음은 참을 수 없는 기침이다. 시인은 인간의 사랑에 천착한다. 자고로 문학이란 한 인간이 자기 내면에 자기 삶에서 평생 잊지 못하는 기억을 가지게 된 사건이 있었음을 알게 해 주는 것이 아닌가. 사랑하는 내 사람과의 재회를 꿈꾸며 시인은 '소중한 그대마저도 가두고픈 사랑길가'에서 '덜익은 풋사과 붉게도 변해가는/인내의 기다림'으로 '마음기침'을 한다.

> 파아란 하늘위에 하얀구름 한 조각
> 한 마리 새 날아가니 따뜻한 마음 안에
> 비었던 공간 하나가 커다랗게 생겨나고
>
> 외로움 그 한마디 가슴속에 스며들어
> 치맛자락 날리듯 흔들리는 마음 안에
> 조심히 위로하듯이 빈자리를 지켜주네
>
> —「외로움」 중

인내의 기다림 역시 찰나에 나타난 것은 아니다. 이미 먼 옛날 우리의 어머니들로부터 연유한 것이다. 「외로움」에서는 '못다한 사랑들을 기억해 살아가며/사랑의 슬픔들을 정절의 상징으로/강바람 기지개 켜는 운치있는 나무하나'를 외로움으로 승화시키고 있다. 그러나 여기서 외로움은 단순하지 않다. 가부장적 사회에서 정형화 된 여성성은 곧 모성이었고 이는 현모양처, 열녀의 모습으로 구현되었다. 당대의 사회질서 안에 형성된 그들에게는 자부심과 외로움이 내밀하게 자리할 수밖에 없었던 셈이다. 시인은 이를 애잔한 감수성으로 포착한다. 우리의 어머니가 겪었을 질곡의 삶을 그리하여 인내하는 법을 아는 여인을 표현해내며 어머니를 그리워한다.

시인의 사랑은 품이 넓다. 이성간의 사랑으로부터 어머니의 사랑까지 그 안에는 더 넓은 이들이 자리하고 있다. 가족, 이웃, 한민족으로까지 이어지는 따뜻한 시인의 애정은 이성에 대한 애틋함과 어머니에 대한 그리움으로부터 사랑의 내포가 확장됨으로써 보편적인 공감을 얻어내고 있다. 이는 또한 눈물겨운 슬픔과 화사한 설레임이 공존할 수 있는 토대로 작동한다.

3.

시인은 성장한다. 인간은 자신의 상처를 숨기려 하는 본능도 있지만 반면에 자신을 드러내어 표출하려는 욕구도 있다. 자신이 경험한 기쁨, 슬픔, 즐거움, 노여움 같은 감정을 공유함으로써 타인과 밀접한 관계를 형성하고자 하는 것이다. 원만한 관계 형성은 마음의 안정을 찾게 해주므로 타인에 대한 배려심을 가질 수 있게 되고 궁극적으로는 자신의 정체성 형성에도 기여한다.

하늘색 바닷가에 모래성은 쌓여가고
물거품에 부서져간 발자욱들 사이속엔
어릴적 짧은 단발머리 계집애가 웃고 있다

솜털이 보여지고 다리털이 자라나서
손마디가 길어지고 사랑이 아파오면
어느덧 달라져가는 또 하나의 나의모습

세월의 흔적앞에 고개가 숙여지고
앙상한 모습 뒤로 숨어버린 내 인생아
세상끝 어디쯤엔가 한떨기 꽃이어라

–「자화상」 전문

유한아의 시편은 한 장 두 장 넘기면서 그의 삶과 그 속에서 포착한 소중한 것들과 그때의 마음가짐이 고스란히 쌓여있음을 실감하게 한다. 단발머리 소녀가 사춘기를 겪고 인생의 후반기에 접어들었음을 시사하는「자화상」은 질풍노도의 격렬함조차도 '손마디가 길어지고 사랑이 아파오면'이라는 중층적이고도 복합적인 의미를 지닌 문장으로 애틋하게 표현되고 있는데 여기서 우리는 애틋함과 격렬함, 혼돈 속의 사춘기 소녀를 그대로 떠올릴 수가 있다. 그의 시어는 매우 담담하면서도 화사하다.

'은빛 쌍가락지', '진붉은색 입술그림', '구릿빛깔 덩치좋은 장류이', '금발색 찰랑거리는 하얀얼굴 이사벨', '불타는 사루비아 까만씨', '은빛색 십자가', '황토색 곱게 물든 석양', '검은눈 아름다운 속깊은 친구' 등 그의 색감은 담담하면서 화사한 그의 시어와 함께 하며 시너지 효과를 발휘한다. 개별적인 존재들로부터 보편적인 의미를 함축한 주제를 이끌어 내는 유한아의 능력은 그의 색감에서도 또 한 번 빛을 발한다. 삶에서 평생 잊지 못할 기억은 다채로운 빛깔로 포착되고 그것이 시인에 의해 표현되는 순간, 우리는 그 마디에 매료된다. 아울러 우리로 하여금 '기억의 언저리 더듬는 가련한 영혼의 여인'을 따라, 진정한 '진실 속 자아를 찾아'서 망설임 없이 떠나도록 인도한다.

이처럼 계속적으로 이루어지는 자아탐구는 바쁜 일상에서 옳고 그름에 대한 고민도 없이 전형의 삶을 향해 뛰어들려는 우리를 단단히 붙들어 맨다. 유한아의 시에는 사물과 사람에 대한 애정이 있다. 그는 시공간이 혼재하는 다른 차원의 세계에서 건조한 지구를 구하고자 지속적으로 여행을 준비할 것이다. 벌써부터 그를 따라 떠날 또 다른 여행이 기다려진다.